BONAPARTE

PAR JEAN JAURÈS

PARIS
LIBRAIRIE DE L'HUMANITÉ
142, Rue Montmartre, 142
—
1921

Prix : **1 fr. 25**

BONAPARTE

Par JEAN JAURÈS

De Jean Jaurès

Histoire Socialiste (en réimpression).

L'Armée Nouvelle (édition de la librairie de l'*Humanité*).

Discours Parlementaires.

Discours à la Jeunesse.

La Justice dans l'Humanité.

De la Réalité du Monde sensible (en réimpression).

BONAPARTE

PAR

JEAN JAURÈS

PARIS
LIBRAIRIE DE L'HUMANITÉ
142, Rue Montmartre, 142

1921

(d'après le dessin d'Alexandrovitch)

Chapitre III

Le pouvoir ~~absolu~~ personnel

Ainsi Bonaparte marquait tous les jours plus fortement son dessein d'absolutisme et il se préparait à éliminer le peu qui restait encore des libertés publiques. Il avait savamment exploité pour cet objet l'attentat de la rue St Nicaise. En l'imputant d'abord contre toute apparence aux Jacobins, aux révolutionnaires et en peignant à engager leur responsabilité morale quand la vérité fut connue il n'avait pas cédé à un affolement de terreur mais à un calcul profond. Quel besoin avait-il d'argument nouveau contre les

Autographe de JEAN JAURÈS

PRÉFACE

Jaurès a écrit les pages que l'on va lire au mois de septembre 1904. *Elles devaient constituer une livraison de l'*Histoire Socialiste *dont la publication était alors en cours, et voici dans quelles circonstances elles sont demeurées entre mes mains.*

*C'est à Paul Brousse que, dans la répartition du travail assumé par chacun des collaborateurs de l'*Histoire Socialiste, *était revenu le soin de traiter le Consulat et l'Empire jusqu'à la paix de Tilsitt.*

Brousse, peu préparé, semblait-il, aux études historiques — il était médecin — était à la vérité profondément cultivé et alliait l'originalité et les hardiesses de la pensée à une parfaite maîtrise et discipline de l'esprit. Il se plut aux difficultés, nouvelles pour lui, de son rôle d'historien et entreprit les recherches nécessaires à sa documentation en même temps que, dans le plan général de l'œuvre commune, il fixait son interprétation des données de l'histoire.

Malheureusement, et ceux qui l'ont connu savent combien son activité en a été diminuée, Paul Brousse n'avait pas la santé qu'il eût fallu mettre au service de son activité intellectuelle.

Malade, il ne put, malgré le concours d'amis dévoués, mener à bien la tâche qu'il avait entreprise. Par surcroît, un incident — la destruction par le feu des documents recueillis et de ses travaux préliminaires — le mit dans l'impossibilité de tenir en temps voulu, à la disposition de Jaurès, le manuscrit de l'histoire du Consulat.

Il fallait prévenir Jaurès. Paul Brousse, qui m'honorait de son amitié, me demanda de le faire et, un matin du mois de mai 1904, *je me rendis à la petite maison de la rue des Chalets pour remplir ma mission. L'embarras de Jaurès fut grand : l'*Histoire Socialiste *paraissait en livraisons, deux fois par semaine, et le volume de Gabriel Deville, qui précédait directement celui de Brousse, touchait à sa fin. Il fallait assurer la publication.*

Il m'a été donné d'entendre alors, pendant une matinée entière, le plus ardent, le plus vibrant des discours, le plus convaincant aussi, puisque, en quittant Jaurès, il avait ma parole que, sur *l'heure, appliquant la méthode et utilisant les connaissances que trois années consacrées à préparer l'agrégation d'histoire avaient pu me faire acquérir, j'allais me mettre au travail, rédiger un plan, le lui envoyer le soir même « par lettre pneumatique », m'entourer de livres, de documents, et écrire l'*Histoire Socialiste du Consulat*, la première livraison devant paraître quelques jours plus tard. Et il en fut ainsi.*

Sur l'intervention de Jaurès, les portes des Archives s'ouvrirent devant moi, les volumes me parvinrent de tous côtés. Dans la journée, je dépouillais les rapports soumis à Bonaparte, je relevais ses instructions contre les républicains et les « ultras », ou encore je cherchais dans les cartons les documents inédits par quoi se manifestait, dans la période de domination la plus lourde, la persistante volonté du peuple ouvrier de conquérir sa liberté. Quand l'heure me chassait des Archives, je lisais... Et la nuit j'écrivais, laissant tomber au fur et à mesure les feuillets qu'au matin, tandis que je prenais quelque repos, un employé de la maison Rouff venait ramasser pour l'imprimerie.

Il est aisé de concevoir qu'un tel travail était écrasant. En septembre j'étais épuisé. Pris d'une véritable fringale d'air pur, de tranquillité — sans rien dire à personne — un beau matin, je partis pour la Bretagne...

Jaurès, en vacances, était dans le Tarn.

Quand l'éditeur fit passer chez moi et constata ma disparition, il n'eut qu'une ressource : télégraphier à Jaurès, responsable vis-à-vis de lui, pour le mettre en demeure d'assurer la prochaine livraison.

Et Jaurès aussitôt, de sa grande et forte écriture, rédigea d'un trait — le manuscrit sur quarante pages ne porte pas dix ratures — le beau chapitre au travers duquel on retrouvera son souffle puissant.

Pour moi, à peine arrivé au bord de l'Océan, j'avais compris l'impossibilité morale où j'étais de prolonger mon absence. J'étais à Paris deux jours après en être parti, et je présentais à l'éditeur la suite de mon travail. Mais il avait déjà reçu de Jaurès la livraison demandée et ce n'est que sur une dépêche formelle qu'il consentit à recevoir ma copie, en me remettant celle qui lui avait été adressée du Tarn.

Un mois plus tard, Jaurès, sans rancune pour

l'effort auquel je l'avais obligé, me priait de conserver son manuscrit.

La République vient de fêter l'anniversaire de Napoléon Bonaparte.

Après la pompe des panégyriques officiels, voici que retentit la plus grande voix « républicaine » que le monde ait entendue.

Jaurès parle et juge.

Faire connaître sa parole et la répandre, n'est-ce pas — à l'heure douloureuse où, plus particulièrement, s'évoque son souvenir — servir tout à la fois, et de façon magnifique, sa mémoire, et la justice?

LOUIS NOGUÈRES.

Paris, septième anniversaire
de l'assassinat de Jaurès.

BONAPARTE

Ainsi Bonaparte marquait tous les jours plus fortement son dessein d'absolutisme et il se préparait à éliminer le peu qui restait encore des libertés publiques. Il avait savamment exploité pour cet objet l'attentat de la rue Saint-Nicaise. En l'imputant d'abord, contre toute apparence, aux jacobins, aux révolutionnaires, et en persistant à engager leur responsabilité morale quand la vérité fut connue, il n'avait pas cédé à un affolement de terreur, mais à un calcul profond. Quel besoin avait-il d'arguments nouveaux contre les royalistes, contre les fauteurs de complots monarchiques et les entrepreneurs de restauration? Ceux-là servaient déjà à leur manière, et abondamment, ses projets despotiques. Toujours, depuis l'origine de la Révolution, ils avaient été l'obstacle à ceux qui rêvaient d'une liberté modérée, moyenne, qui n'irait pas d'emblée à l'entière démocratie et à la pleine souveraineté du peuple,

mais qui pourrait y acheminer le pays sans secousses. C'est par eux, c'est par leurs préjugés et leurs prétentions intolérables, c'est par leur action sur l'esprit de Louis XVI qu'avait échoué le plan de Mirabeau cherchant à concilier la tradition royale et la Révolution et à fonder une monarchie moderne nationale et populaire. C'est par eux que Louis XVI avait été engagé à fonds dans la voie de la tromperie et du parjure, dans l'irréductible conflit avec la nation. C'est par eux, c'est par leurs appels à l'étranger, c'est par l'exaltation révolutionnaire que déchaînaient leurs menées, que la terrible lutte entre la France de la Révolution et l'Europe, d'abord défiante, mais inerte, avait été rendue inévitable. Et c'est cette lutte qui avait obligé la Révolution à développer au dedans comme au dehors une énergie farouche, à tendre violemment tous ses ressorts. C'est par ces fauteurs égoïstes et ignares de contre-révolution que l'idée révolutionnaire avait été sollicitée et presque contrainte à produire tous ses effets logiques, à développer tout son contenu. Certes, la République — j'entends la République démocratique, la République du suffrage universel, — était contenue en germe dans la Déclaration des Droits de l'Homme; mais elle aurait pu y sommeiller à demi et s'attarder un assez long temps, avant le plein épanouissement, en des formes intermédiaires et incomplètes, en une monarchie constitutionnelle plus démocratique que ne l'était alors la monarchie anglaise, mais où la volonté populaire eût été limitée et contenue par tout un système d'autorité réglée. Ce sont les perpétuelles provocations du parti contre-révolutionnaire qui donnèrent à l'esprit français la force de briser toute tradition et d'abonder dans l'absolu. Par ces provocations et ces menaces, la République, qui était le terme idéal et l'admirable accomplissement logique de la Révolution, devint en outre, pour la France, une nécessité vitale immédiate. L'ineptie et la fureur contre-révolutionnaires avaient presque, dès la première heure, voué la Révolution à l'absolu, à ses périls et à ses grandeurs.

Puis, quand l'élan de la Révolution fut à demi brisé; quand les énergies révolutionnaires, épuisées à la fois par les luttes immenses de la Révolution contre l'étranger et par les luttes atroces de la Révolution contre elle-même, semblèrent défaillir; quand la chute de Robespierre et le régime de Thermidor marquèrent un commencement de réaction, qui donc avait empêché cette réaction de se modérer peu à peu elle-même et d'aboutir à une sorte de détente et de liberté prudente et légale? Qui? Toujours le parti royaliste, le parti de l'ancien régime et de la contre-révolution. C'est lui qui, par ses perpétuelles menaces, assauts et conspirations, avait affaibli le Directoire, miné et faussé la Constitution de l'an III, comme il avait faussé et rendu impossible le fonctionnement de la Constitution de 1791. Et, par là, il avait fourni au général de Brumaire le prétexte dont celui-ci avait besoin pour couvrir son criminel coup d'Etat. Oui, certes, quelle que fût la fourberie de l'homme qui dénonçait les gaspillages et les dilapidations du Directoire pour fonder un régime d'absolutisme militaire, sous lequel les convoitises et les pilleries des chefs allaient se déchaîner impunément; quelle que fût son habileté à exploiter les difficultés et les embarras où se débattait alors la France, il n'aurait pas pu réussir son mauvais coup, il n'aurait même pu le tenter s'il n'avait promis d'être pour la Révolution menacée par les hommes du passé un défenseur plus ferme que le Directoire divisé et débilité. C'est la peur d'être reprise par l'ancien régime qui décida la France, trompée, à se confier à l'homme de Brumaire, qui s'offrait mensongèrement comme le protecteur de la Révolution. Et, maintenant, les royalistes, déchaînés contre la France, acharnés à attiser les feux de la chouannerie, ouvertement associés à l'étranger pour écraser la Révolution et les révolutionnaires, servaient encore à merveille les calculs d'absolutisme de Bonaparte. Il suffisait à celui-ci de les combattre pour se donner l'air d'être de la Révolution et avec la Révolution. Qu'il l'absorbât en lui par le plus monstrueux accaparement; qu'il la diminuât de ces libertés politiques qui n'en étaient pas seulement la partie la plus haute, mais l'âme même, le souffle vital et la garantie ; c'eût été, même dans la fatigue des esprits et l'abaissement des espérances, une entreprise impossible s'il n'avait pu dire au pays : « Je combats la contre-révolution! » C'était une détestable équivoque, car il ne suffit pas de combattre une forme de la contre-révolution pour être la Révolution. Et lui ne combattait qu'une forme de contre-révolution, forme violente, menaçante, mais réellement surannée, et il suscitait une forme nouvelle : la contre-révolution césarienne, d'autant plus redoutable qu'elle retient en son visage quelques traits de la Révolution abâtardie. Mais cette équivoque funeste et misérable, les hommes de l'ancien régime lui permettaient de l'entretenir. Ils lui en avaient déjà fourni si abondamment les moyens et ils avaient fait entrer tant de cartes dans son jeu qu'il n'avait vraiment pas besoin, à cette date, d'exploiter dans le même sens l'attentat de la rue Saint-Nicaise. Quelle aubaine, au contraire, de pouvoir exciter l'horreur contre les hommes de la Révolution juste à l'heure où il convenait à l'ambition de Bonaparte d'abolir ce qui subsistait encore de l'œuvre politique de la Révolution! Voici que la paix était rétablie avec l'Europe; et si cette paix ajoutait à la gloire du premier consul, et par conséquent à sa puissance, elle pouvait ramener les esprits vers les problèmes intérieurs. Elle pouvait ranimer la pensée publique et rendre quelque force à ceux qui voulaient bien échapper aux orages, mais non point dans le silence et l'abjection de la servitude. Précisément, l'opposition renaissante au Corps législatif et au Tribunat attestait que, même dans les complications étouffantes de la Constitution de l'an

VIII, la liberté pouvait encore se faire jour. Et comme la liberté politique était liée aux souvenirs de la Révolution, il y avait intérêt, pour la manœuvre du despote, à réveiller la portion sanglante de ces souvenirs, à apeurer la France en ranimant ces cauchemars de la Terreur et de Septembre, qu'elle avait pu soutenir dans l'exaltation de la fièvre, mais qui accablaient maintenant, après coup, son âme refroidie. Voilà, murmuraient ses séides, où avait conduit le déchaînement du peuple et de la liberté effrénée! Qu'on prenne garde! Il n'y a certes pas complicité directe entre l'attentat de la rue Saint-Nicaise et l'opposition du Corps législatif ou du Tribunat; mais tout cela procède de la même tradition révolutionnaire; tout cela tend à ébranler le pouvoir, et les opposants d'assemblées, en préparant — à leur insu peut-être — le retour de l'anarchie, préparent le triomphe de ces septembriseurs qui ont agencé la machine infernale. Ainsi Bonaparte cédait à son instinct de despotisme et travaillait sourdement à la destruction de toute liberté en concentrant tout d'abord, sur les révolutionnaires, sur les anarchistes, sur les jacobins, toute la responsabilité de l'attentat de la rue Saint-Nicaise, dans l'espoir secret que cette responsabilité s'étendrait, en une contagion de peur, jusqu'aux libéraux. C'est en affolant la France d'une double peur, la peur de l'ancien régime, la peur de la révolution sanglante, et en lui persuadant que, seul, il était en état de la sauver de ce double péril, qu'il comptait l'amener à se rendre à merci et à lui livrer les débris de liberté qu'elle avait retenus encore.

M. Thiers, en ces premiers conflits de Bonaparte avec le Tribunat et le Corps législatif, prend parti pour Bonaparte. Il fait grief au Tribunat et au Corps législatif de s'être abandonnés à une opposition taquine à la fois systématique et incohérente et qui aurait paralysé le régime nouveau. C'est, dit-il, à l'heure même où tout était à reconstruire, où le héros encore sage qui dirigeait la France avait besoin d'agir, de réparer, de créer, que des disputeurs obstinés ou sophistiques font échec à ses plus belles entreprises. Peut-être y a-t-il quelque injustice dans ces critiques à l'opposition d'alors. Toutes les inspirations du premier consul n'étaient point également heureuses. Par exemple, M. Thiers a beau accumuler les raisons qui faisaient alors du crime de faux un crime particulièrement redoutable. Il a beau dire que les faussaires, abusant de la multiplicité des papiers de tout ordre qui étaient alors en circulation, infestaient la région des affaires comme les brigands infestaient les grandes routes. Il n'est pas démontré par là que Bonaparte eut raison de proposer contre les faussaires la peine indélébile et dégradante de la marque. Si cette peine sauvage, qui gravait jusque dans la chair du condamné et affichait jusque sur son front et sur son visage une honte qui ne devait périr qu'avec lui, a paru aux jurisconsultes de la Révolution un retour à la barbarie d'ancien régime, un attentat contre l'humanité, qui pourrait les en blâmer vraiment? De même, le nouveau Code civil, préparé par Bonaparte, d'accord avec le Conseil d'Etat, faisait subir de tels changements au Droit civil de la Révolution. il marquait un tel mouvement de réaction bourgeoise que c'était bien le droit des révolutionnaires d'y faire obstacle dans le Tribunat et au Corps législatif, il semble vraiment, à lire ces apologistes, que la France n'avait aucun abri juridique, que les relations de droit étaient livrées à l'arbitraire ou aux mouvements obscurs et désordonnés du chaos et qu'il n'y avait pas une minute à perdre pour régler un peu et éclairer cette anarchie. Mais le droit révolutionnaire était fondé; la société nouvelle avait trouvé, par l'immense effort législatif de la Constituante et de la Convention, sa formule juridique. Il n'apparaît point qu'il y eût intérêt pour la démocratie à restreindre la puissance d'égalité sociale contenue dans les lois successorales de la Convention; l'égalité absolue ou presque absolue des partages, qu'elle avait instituée, devait faire équilibre en quelque mesure, dans une démocratie fondée sur la propriété individuelle, à la force d'extension et d'accumulation illimitée de la richesse. Et ceux mêmes qui trouvent, comme M. Thiers, que la Révolution avait réagi avec excès contre l'arbitraire des chefs de famille sous l'ancien régime et qu'en réduisant le droit de disposer de ceux-ci au dixième de leur fortune s'ils avaient des enfants, au sixième s'ils n'en avaient pas, elle avait passé la mesure, ceux-là mêmes auront quelque peine à démontrer qu'il y avait une urgence vitale à modifier ces dispositions et qu'en se refusant à sanctionner sur l'heure ces tendances conservatrices ou rétrogrades l'opposition du Corps législatif et du Tribunat contrariait la vie nationale. Quelle raison y avait-il donc de punir comme d'un crime les opposants en réduisant de parti pris à l'impuissance le Tribunat et le Corps législatif? Cesser de leur soumettre le moindre projet de loi, suspendre ainsi, de fait, leur activité légale; les mettre, selon le mot du temps, *au jeûne des lois*, ce n'était point une juste réplique à des procédés de discussion et d'opposition, minutieux parfois et taquins, c'était ruiner par une atteinte oblique le peu qui restait de vertu représentative à une Constitution qu'on n'osait point encore assaillir par un coup d'Etat direct; c'était préparer l'opinion à l'idée de l'impuissance et de l'inutilité de toute assemblée libre et vraiment délibérante; c'était amorcer de nouvelles entreprises du pouvoir personnel.

Comme M. Thiers, qui se laisse soulever à cette heure par ce flot montant de gloire et de puissance qui ira mourir enfin sur la grève déserte de Sainte-Hélène après avoir entraîné dans son reflux la fortune de la France, comme M. Thiers triomphe aisément des incohérences et des faiblesses de cette opposition! Il constate avec ironie que ce même Tribunal qui résistait à la création des tribunaux spéciaux, c'est-à-dire à l'arbitraire, mais à l'arbitraire régularisé, n'avait pas trouvé une seule parole de protestation quand le Sénat avait sanctionné, comme une mesure conservatoire de la Constitution, la déportation sans jugement de cent trente révolutionnaires, frappés à l'occasion d'un attentat royaliste. Oui, certes, c'était une opposition inconsistante et débile, réduite trop souvent aux petits moyens, aux petites chicanes et aux petites vues. Mais où aurait-elle trouvé le point d'appui nécessaire pour une résistance plus ferme et pour une revendication plus étendue? Comment aurait-elle pu faire jaillir de nouveau, après toutes les secousses épuisantes qui avaient laissé le sol convulsé et aride, les vives sources de foi républicaine, d'espérance humaine et démocratique qui avaient désaltéré aux premiers jours de la Révolution des générations maintenant lassées? Et si la Révolution avait succombé à son propre effort quand elle était toute jeune d'espoir et d'énergie, comment quelques libéraux auraient-ils pu la ranimer et la redresser tout entière à l'heure où elle était comme désabusée d'elle-même par l'impuissance où l'avait réduite la lutte des factions, et où elle était trop heureuse de retenir, même sous le protectorat d'un maître, au moins quelques lambeaux d'égalité civile? Ces libéraux rendaient, malgré tout, à la liberté, même rabaissée à des querelles procédurières et à des chicanes de juristes, le service de ne pas laisser créer contre elle l'absolue prescription. Un peu plus tard, Bonaparte, faisant grief à Mme de Staël d'avoir ranimé le goût des libres controverses, dira, en un cri brutal de triomphe : « *La France oubliait de penser.* » Les opposants du Corps législatif et du Tribunat veillaient à leur manière et avec les moyens souvent médiocres ou misérables que leur laissaient l'esprit public et la Constitution de l'an VIII, à ce que la France n'oubliât point tout à fait qu'elle avait été libre et qu'après tout il dépendait d'elle encore de le redevenir.

LA COOTYPOGRAPHIE
11, Rue de Metz, Courbevoie, 11
Tél. 260
49007

www.ingramcontent.com/pod-product-compliance
Ingram Content Group UK Ltd.
Pitfield, Milton Keynes, MK11 3LW, UK
UKHW022144260726
13993UKWH00005B/2155